EN ALGÉRIE

LES

OULED SIDI CHEIKH

PARIS
11, Place Saint-André-des-Arts.

LIMOGES
46, Nouvelle route d'Aix, 46.

IMPRIMERIE ET LIBRAIRIE MILITAIRES

Henri CHARLES-LAVAUZELLE

Editeur

1891

Librairie militaire Henri Charles-Lavauzelle

Paris, 11, place Saint-André-des-Arts.

LES OULED SIDI CHEIKH

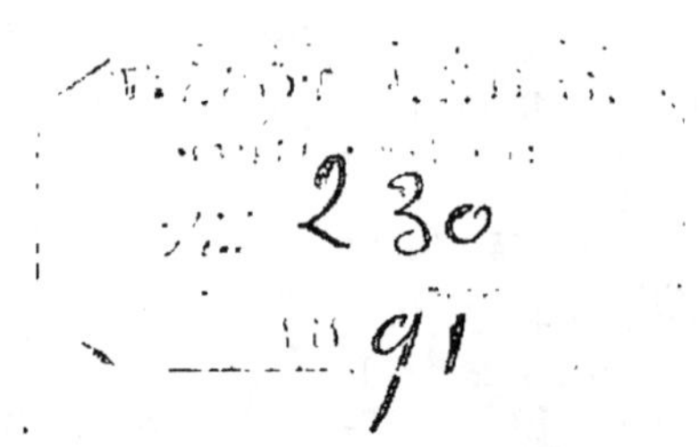

LES OULED SIDI CHEIKH

Les Ouled Sidi Cheikh (1) sont de seconde noblesse, c'est-à-dire qu'ils ne sont pas issus directement du prophète comme les Cheurfa. Ils descendent de son khelifah Abou Bekeur Seddik, le véridique, dont il épousa une des filles.

Ce fut vers le xive siècle qu'un membre de cette famille, Maamar ben Alia, chassé de Tunis, vint s'établir près des Arbaouat, où on voit encore son tombeau, mais l'influence religieuse de cette secte vient surtout de la qualité de marabout qu'ils doivent à la science, aux miracles et à la vie pieuse de Sidi Abd el Kader ben Mohammed Sidi Cheikh, descendant (5e génération) de Maamar. Le tombeau de ce marabout est à El Abiod, et la Zaouïa était, avant l'insurrection de 1881, une sorte d'hôtellerie religieuse dans laquelle le *bouab* (gardien) recevait et nourrissait les voyageurs et les mendiants avec les offrandes des fidèles.

Les *Abids*, serviteurs religieux, étaient des nègres affranchis par Sidi Abd el Kader ben Mohammed qui, craignant de voir ses biens dissipés par ses enfants, les avait déshérités, laissant après sa mort la gérance de sa fortune à ses esclaves. Ces abids allaient quêter, chaque année, dans les

---

(1) Les principaux travaux sur les Ouled Sidi Cheikh ont été faits par M. le capitaine Font, attaché aux affaires indigènes. On les nomme aussi Zoua, dans le Sud.

tribus qui avaient coutume de leur donner, et rapportaient fidèlement à El Abiod le produit de leurs tournées.

Les principales tribus soumises à l'influence des Ouled Sidi Cheikh, sont :

Les Laghouat du Ksel........	cercle de Géryville.	
Les Ahmour................	—	d'Aflou.
Les Rezaïgah...............	—	—
Les Ouled Moumen..........	—	—
Les Ouled Ziad.............	—	de Géryville.
Les Akerma................	—	—
Les Trafi..................	—	—
Les Harrar................	—	de Frendah.
Les Angad.................	—	de Sebdou.
Les Hamyan...............	—	d'El Aricha.
Les Djafra................	—	de Saïda.
Les Rezaïna...............	—	—
Les Zenagra...............	—	de Boghar.
Les Beni Guil.............	—	de Maroc.
Les Mehaïa................	—	—
Les Douï Menia...........	—	—
Les Ouled Djerir..........	—	—
Les Meharza Garaba........	—	de Gourara.
Les Khenafsa Cheraga.......	—	—

et les Ksour (1) du Sud tels qu'In Salah.

Les offrandes se partageaient en quatre parts distinctes :

1º Le chef de famille des Ouled Sidi Cheikh ;

2º Les Abids, serviteurs nègres de Sidi el Kader ben Mohammed ;

3º Les Abids de son fils aîné Sidi el Hadj, qui imita sa conduite ;

4º La Zaouïa.

---

(1) *Ksour* pluriel de *ksar*, village.

Le chef des Ouled Sidi Cheikh n'avait autrefois aucun titre, il n'était ni caïd, ni agha, mais sa parole était écoutée avec vénération. Presque toujours ignorant, comme l'étaient autrefois les chefs indigènes, il ne pouvait lire le Coran et ne rendait pas la justice, mais il avait dans sa maison un taleb, savant, remplissant les fonctions de *khodja*, secrétaire, et de *cadi*, juge.

Les Cheurfa (1), nobles descendants directs de Mahomet, ne lui faisaient pas d'offrande, et, tout grand marabout qu'il fût, le chef des Ouled Sidi Cheikh était lui-même serviteur religieux d'autres sectes. Ainsi, en 1850, il y avait au pays des Ouled Sidi Cheikh deux marabouts mendiants : l'un descendant de Sidi Naceur et l'autre de Sidi Abderrhaman Muley Soul, dont la Koubba est située au Maroc, près de la source de l'oued Guir, et lorsque Si Hamza, au temps de sa grandeur, se présentait devant ce dernier, celui-ci l'obligeait à quitter ses riches vêtements.

Les Ouled Sidi Cheikh forment une puissante tribu dont les membres prétendent tous descendre de Sidi abd el Kader ben Mahommed Sidi Cheikh, mais beaucoup de serviteurs et d'esclaves affranchis se sont mêlés aux descendants directs. A part les habitants du ksar d'El Abiod, cette tribu nomade passait l'été dans l'oued Sidi en Naceur et l'hiver, parcourant par les vallées de l'oued Seggeur et de l'oued Gharbi, s'étendait jusqu'au Gourara. Elle envoyait ses caravanes jusqu'au Tidikelt, où elle compte des affiliés, et à Goléah et Ouargla.

Sidi Cheikh avait recommandé à ses enfants de vivre pauvres et leur avait défendu de porter les armes. Leur vie, toute contemplative, devait s'écouler le Coran d'une main et le chapelet de l'autre.

Son fils aîné, Sidi El Hadj ben Cheikh suivit ce conseil;

---

(1) Pluriel de *chérif.*

mais, après sa mort, la famille se divisa en deux branches issues de deux fils de Sidi Cheikh. Ces branches furent désignées par les dénominations de Ouled Sidi Cheikh Cheraga (de l'est), descendants de Si El Hadj bou Haffs et Ouled Sidi Cheikh Gharaba (de l'ouest), descendants de Si El Hadj Abd el Hakem (1).

Les fils d'El Hadj bou Haffs restèrent à El Abiod et formèrent la branche aînée. Les fils d'El Abd el Hakem conduisirent leurs troupeaux plus à l'ouest, sur l'oued Namous (la rivière du Moustique) et aux environs de Figuig, et formèrent la branche cadette. L'exemple et les vertus de leurs ancêtres furent peu à peu délaissés, quoiqu'on les eût surnommés *Zoua*, pluriel de Zaouï (celui qui fréquente les Zaouïa) et les offrandes, détournées de leur but, servirent à satisfaire leurs passions.

La tradition raconte que la séparation complète des deux branches date de Bou Haffs el Hadj, chef de la famille. Ce marabout, étant parti pour accomplir son trente-troisième pèlerinage à La Mecque, mourut en Egypte. Avant son départ, il avait confié le signe du commandement, qui était représenté par une bague, à son parent Sidi ben Eddin Ould el Hadj. Arrivés à l'âge adulte, ses enfants réclamèrent ce signe. Ben Eddin leur remit une grenade prétendant que ce fruit était la marque de l'autorité. Raillé par les siens, le fils de Sidi bou Haffs, furieux, lança la grenade à la tête de ben Eddin, et ce serait de cette époque que daterait la haine qui sépara les Ouled Sidi Cheikh.

Les deux partis en vinrent aux mains quelque temps après. Le motif du premier combat fut la femme de Naïmi ben Bou Bekeur, fille de Sliman ben Kaddour, des Gharaba. Cette femme, soit qu'elle eût été maltraitée, soit caprice,

---

(1) D'après le commandant Rinn, ces désignations viendraient de l'emplacement des tombeaux des ancêtres de chaque branche qui, à El Abiod, sont situés à l'est ou à l'ouest de la Koubba principale.

demanda à quitter son mari. Naïmi ayant refusé de la laisser retourner chez son père, une lutte acharnée éclata entre les Ouled Sidi Cheikh et dura cinq ans avec des alternatives diverses. Chaque branche choisit un chef distinct et fréquenta une zaouïa particulière.

La paix fut conclue entre Si Hamza ben Bou Bekeur et Sidi Cheikh ben Taieb.

Les Ouled Sidi Cheikh embrassèrent la cause de l'émir Abd el Kader, dont l'influence commençait à se faire sentir dans le Sud, lui fournirent des contingents pour attaquer Aïn Madhi, et finirent par lui prêter leur aide contre la France.

Les tableaux ci-joints font connaître la généalogie des deux branches jusqu'au grand Sidi Cheikh et, enfin, la descendance directe du marabout des Ouled Sidi Cheikh Cheraga jusqu'en 1882.

Généalogie des Ouled Sidi Cheikh Gharaba.

Les Ouled Sidi Cheikh Gharaba descendent de Si El Hadj Abdelhakem, quatrième fils du grand Sidi Cheikh. Les deux représentants les plus célèbres de cette branche de la famille qui est très nombreuse, sont : *Si Allal,* chef véritable possédant la *Baraka,* et *Si Sliman,* homme ambitieux et énergique, qui avait su réunir autour de lui tous les mécontents algériens et avait une grande influence sur les tribus algériennes de l'Extrême-Sud.

Si Sliman a été assassiné, au Maroc, il y a quelques années.

Nous ne donnerons pas de plus amples détails sur ces indigènes qui, vivant dans le Sud ou au Maroc, échappent presque toujours à notre autorité.

GÉNÉALOGIE DES OULED SIDI CHEIKH CHERAGA

SI MAAMAR BEN M'HAREJ BEN ALIA, venu de Tunisie vers le XIVe siècle.

Sidi ben Haya Mort aux Arbaouat.		Sidi bou Lila.		Sidi M'ahmoud, Père des Ouled M'ahmoud (Hamyan Djembaa.)	
Si Sliman, Né à Arba Foukani, mort à Figuig.		Si Amed el Moj doub.			
Si Mohamed ben Sliman, Né et enterré à Chellala Dahrania. **Sidi Abd el kader ben Mohamed,** dit Sidi Cheikh (le vénérable) Né dans les environs des Arbaouat ; enterré à El Abiod.		Sidi Brahim, Né à Chellala ; enterré au Ksar Gharbi.		Sidi Amed, Enterré à Chellala.	
Sidi El Hadj ben Cheikh. Mort à Si El Hadj Ahmed Sidi Tadj, Enterré aux Od Sidi El Hadj Ahmed.	Sidi ben Abderrahman, Enterré au Ksar Rehamma. Si Brahim Kériohi, Enterré à l'Oued Namous	Sidi El Hadj bou Hafs, Enterré à El Abiod. Si El Hadj Mostefa, Enterré à El Abiod.	Sidi El Hadj Abdelhakem Enterré à El Abiod. Si El Hadjamed.	Si Mahmed Abdallah, Enterré à El Abiod. Si El Hadj Mohamed, Si ben Aïssa et cinq enfants, Enterrés à Figuig.	Si Zerouki, Enterré aux Ouled. Sidi El Hadj Ahmed.
Si El Hadj Eddin. Enterré à Si El Hadj Eddin.		Si Lazrem, Enterré à El Abiod.		Si El Hadj ben Lenouar, Enterré à El Abiod.	
Sidi ben Eddin, Enterré à El Abiod.		Si Toumi. Enterré à Keragda.	Si Tahar. Enterré à Si el Hadj Eddin.		
Si Larbi, Enterré à Si El Hadj Eddin.		Si Tahar, Enterré à Si El Hadj Eddin.	Si Hakkoum, Enterré à Si El Hadj Eddin.		
Si Bou Bekour. Enterré à El Abiod.	Si Kaddour, Enterré à Si El Hadj Eddin.	Si Mérouan. Enterré à Brézina.	Si Attallah, Enterré à Brézina.	Si Djoudi, Enterré à El Abiod.	Si Hamza, Enterré à Si El Hadj Eddin.

Si Djeddid, Enterré à Si El Hadj Eddin.		Si El Hadj Moradj, Enterré à Si El Hadj Eddin.		Si Naïmi, Enterré à El Abiod.		Si Mohammed, Enterré à Brézina.
Si Bou Bekour Srir, Enterré à Si El Hadj Eddin.	Si Abderrahman, Enterré à Brézina.	Si Taïeb, mort aux Beni Smhiel.	Si El Hadj Moradj, mort à Ras El Aïn, des Beni Mathar.	Si Djeddid, Est à Gourara.	Si Djelloul Ben Hamza, Enterré à Brézina.	
	Sidi Cheikh. Est avec Si Kaddour.	Si Bou Bekour, Est avec Si Kaddour	Si Mohamed et Si Abdelkader.	Si Maamar, Si Taïeb et un autre fils mort à Moul el Djem.	Si Mohammed, Mort au Gourara.	Si Bou Hafs, Est avec Si Kaddour.
Si Hamza, Mort à Alger.		Si Naïmi, Enterré à El Abiod.	Si Zoubir, Mort au Gourara.	Si Bon Sliman, Enterré à Figuig.		Si Lalla, Est avec Si Kaddour.
		Si Mohammed, Mort. Si El Arba, Si El Morad, Sont avec Si Lalla	Si Naïmi, Si Cheikh, Si Mohammed.	Si Ahmed, Est avec Si Lalla.		Si Mohammed, Si Ahmed, Si Mahmoud, Si Bou Bekem, Si Zoubir, Si Naïmi.
Si Bou Bekour, Enterré à Si El Hadj Eddin.	Si Sliman, Mort à Ouïnat Bou- Bekour.	Si Mohammed, Mort à Gounat Sidi Cheikh.	Si Ahmed. Enterré à Saheli.	**Si Kaddour.** Commande les con- tingents du Sud des Ouled Sidi Cheikh.	Si Eddin.	Si Bou Hafs.
			Si Larbi et un autre fils.	Si Mohammed, Si- Hamza et deux autres fils.	Si Mohammed et deux autres fils.	
Si Hamza, Chef véritable possédant la Baraka.			Si Bou Bekour.		Si Mohammed, fils posthume.	

Les chefs actuels ayant la *Baraka*, la bénédiction de Dieu, sont : Si Hamza ben bou Bekeur chez les Ouled Sidi Cheikh Cheraga et Sidi Allal ben Cheikh chez les Ouled Sidi Cheikh Gharaba.

Les chefs commandant les contingents qui se sont alliés à Bou Amama sont : Si Kaddour ben Hamza chez les Ouled Sidi Cheikh Cheraga et Si Sliman ben Kaddour chez les Ouled Sidi Cheikh Gharaba.

Nous rappellerons l'origine du nom de Sidi Cheikh qui n'était pas porté par les ascendants de Mohammed ben Abd el Kader et ne lui fut donné qu'après sa mort.

Une femme des Ouled Sidi Cheikh ayant laissé tomber son enfant dans un puits, poussa un cri en invoquant Sidi Abd el Kader. Un saint du même nom, *Sidi Abd el Kader ben Djilani* dont la Koubba est à Bagdad, vint à son secours mais arriva trop tard, le marabout des Ouled Sidi Cheikh, dont le tombeau était proche, ayant déjà saisi l'enfant avant qu'il pût toucher le fond du puits et l'ayant rendu à sa mère. Le marabout de Bagdad demanda pourquoi on l'appelait et, étant plus ancien et plus grand saint, dit au Saharien : « Désormais tu t'appelleras Sidi Cheikh (vénérable) afin qu'on ne nous confonde plus. »

Les légendes sur les Ouled Sidi Cheikh sont nombreuses. On montre sur la route de Géryville à El Abiod, au Teniet es Ziar (col des Ziara) (1) des traces de pas de cheval marquées dans le roc et les indigènes affirment qu'elles proviennent du cheval de Sidi Abd el Kader ben Mohammed, qui, fuyant ses frères qui voulaient le tuer, disparut sous terre en cet endroit et ne ressortit que de l'autre côté des dunes.

Dans sa vie il fit 110 fois ce miracle. On montrait aussi, autrefois, à El Abiod un écrit racontant que la mère de Sidi

---

(1) *Ziara*, offrandes religieuses.

Brahim, femme de Mohammed ben Sliman, ayant quitté la tente conjugale pour aller voir son père, rencontra un lion. Cette femme, suivant le mode arabe, portait sur son dos le jeune Sidi Brahim et était enceinte de Sidi Cheikh qui cria du ventre de sa mère à son petit frère : *Défends ta mère où je sors pour la défendre !* Celui-ci ayant obéi saisit le lion par les oreilles, fit asseoir sa mère sur l'animal et c'est sur cette monture que la famille arriva à Rassoul (Ghassoul).

Nous renvoyons les amateurs de ce genre de récits aux travaux de M. le colonel de Colomb, qui dans ses notices sur les Ksour, a raconté avec une grande verve poétique plusieurs autres légendes.

. . . .

Les événements passés ne laissent aucun doute sur les dispositions des Ouled Sidi Cheikh à l'égard de la France. Comme tous les marabouts, ils représentent un danger pour notre colonie algérienne. Le Coran, qu'ils enseignent, entretient le fanatisme musulman et leurs *tolbas* (savants) prêchent la haine du chrétien. Politiques rusés, ils échappent par leur éloignement à l'autorité qui les surveille et n'ont que l'intérêt pour guide.

Le temps modifiera cette situation mais nous devons nous rappeler qu'on ne fait rien de bon avec des demi-mesures et que pour coloniser il faut agir partout selon le pays et les habitants.

Il est évident que les grands chefs, qui sont un embarras et une erreur dans le Tell, sont presque une nécessité au delà d'une certaine limite sud après laquelle nous ne possédons qu'une autorité nominale.

Employons-les donc dans ce sens, mais souvenons-nous qu'il y a une loi politique, ayant la rigueur d'une loi physique qui oblige la civilisation en contact avec la barbarie ou avec les peuples en décadence, à marcher en avant.

L'Europe en pénétrant au centre de l'Afrique subit cette loi, et la France en créant au sud de la colonisation algérienne une zone de protection remplit le rôle social qui lui est dévolu.

Il n'y a là trace de conquête ni trace d'avidité.

Paris et Limoges. — Imp. milit. Henri CHARLES-LAVAUZELLE

Librairie militaire Henri Charles-Lavauzelle

Paris, 11, *place Saint-André-des-Arts.*

ESQUISSE HISTORIQUE DES SIÈGES DE TLEMCEN, par M. TRIDON, capitaine de
gendarmerie.
Brochure in-8° de 26 pages.................................... 1 »

SIÈGE DE MILIANA, ses ravitaillements.
Brochure in-8° de 36 pages................................... 2 »

ETUDE MILITAIRE SUR L'ÉGYPTE. *Campagne des Anglais en* 1882 (2° édition).
Volume in-32 de 32 pages, broché............................ » 50
Relié toile anglaise.. » 75

LE SOUDAN, GORDON ET LE MADHI, par le commandant HEUMANN, O. ✪, avec
deux cartes et 4 plans.
Volume in-32 de 96 pages, broché............................ » 50
Relié toile anglaise.. » 75

GUERRE DU SOUDAN (LE MADHI), avec carte du théâtre de la guerre, par
A. Garçon, professeur à l'Association polytechnique. — Brochure in-32
de 32 pages... » 60

LA RÉVOLUTION ET L'ARMÉE DU BRÉSIL, 15 novembre 1889. — Fascicule in-8°
de 16 pages... » 50

PRÉCIS DE LA GUERRE DU PACIFIQUE (*entre le Chili d'une part, le Pérou et la
Bolivie de l'autre*), ouvrage accompagné d'une carte planimétrique de la
côte du Pacifique et d'un plan des principales batailles. — Volume in-32
de 72 pages, broché... » 50
Relié toile anglaise.. » 75

RELATION DE L'INSURRECTION DES TROUPES ESPAGNOLES DÉTACHÉES DANS L'ILE
DE SÉELAND, sous les ordres du général Fririon en 1808. avec les pièces
justificatives destinées à compléter la relation, par E. Fririon, capitaine
au 8° de ligne. — Brochure in-8° de 96 pages................ 2 »

HISTOIRE DE LA PARTICIPATION DES BELGES AUX CAMPAGNES DES INDES ORIEN-
TALES NÉERLANDAISES sous le gouvernement des Pays-Bas (1815-1830),
par Eugène Cruyplants, capitaine aide de camp du commandant de la
garde civique de Gand, officier de l'ordre de Takovo de Serbie, avec trois
cartes et un portrait du général Lahure. — Volume grand in-8° de 402 p.,
broché.. 5 »

JEANNE D'ARC ET L'ARMÉE FRANÇAISE. — Brochure in-8° de 12 pages...   » 60

L'EDUCATION ET LA DISCIPLINE MILITAIRES CHEZ LES ANCIENS, par Marcel
Poullin. — Volume in-32 de 144 pages, broché................ » 50
Relié toile anglaise.. » 75

HISTOIRE ANECDOTIQUE DES ANIMAUX A LA GUERRE, par Ludovic Jablonski. —
Volume in-12 de 204 pages................................... 2 50

LE BAHUT, ALBUM DE SAINT-CYR, texte et dessins de A. Louvet, gravure de
H. Delaville. Magnifique ouvrage accompagné de 85 gravures sur bois,
divers costumes de l'École. — Vol. in-4° de 204 pages, broché... 15 »

HISTORIQUE DU 92°. DE LIGNE, illustré de 20 gravures coloriées hors texte. —
Volume grand in-8° de 400 pages............................. 20 »

HISTORIQUE DU 95° RÉGIMENT TERRITORIAL D'INFANTERIE, par Charles Prévot,
lieutenant au corps. — Volume in-8° de 196 pages............ 3 »

HISTORIQUE DU 3° RÉGIMENT DE ZOUAVES, rédigé par le lieutenant A Marjou-
let, d'après les ordres du colonel Lucas, commmandant le régiment.
— Volume grand in-8° de 328 pages.......................... 6 »

LES CHASSEURS A PIED, par le lieutenant Richard, du 20° bataillon. Magnifique ouvrage orné de nombreuses gravures, lettres à sujets et culs-de-
lampe. — Volume grand in-8° raisin de 512 pages, broché........ 10 »
Edition de luxe, couverture soie :
10 exemplaires sur papier Japon, numérotés à la presse de 1 à 10. 50 »
20 exemplaires sur papier Hollande, numérotés à la presse de 11
à 30.. 25 »

ETUDE SUR L'HISTORIQUE DES CHASSEURS A PIED. — Broch. de 68 p...   1 25

Librairie militaire Henri Charles-Lavauzelle

Paris, 11, place Saint-André-des-Arts.

HISTORIQUE DU 28ᶜ BATAILLON DE CHASSEURS A PIED, bataillon alpin, rédigé par M. le lieutenant Perreau, par ordre du commandant Michel et d'après les travaux de MM. Euvrard, capitaine, Courtin et Houdin, lieutenants au 28ᶜ bataillon. — Volume in-18 de 72 pages...................... 1 »

NOTES SUR LA CAMPAGNE DU 3ᶜ BATAILLON DE LA LÉGION ÉTRANGÈRE au Tonkin. — Volume in-8º de 64 pages...................... 1 »

HISTORIQUE DU 3ᵉ RÉGIMENT DE HUSSARDS de 1764 à 1887, d'après les archives du corps, celles du dépôt de la guerre et autres documents originaux, par Raoul Dupuy, capitaine-commandant au 3ᶜ hussards, ouvrage illustré de 8 gravures en couleur, hors texte, et de 7 portraits des colonels ayant commandé le régiment, d'un tableau en couleur des drapeaux et d'une photographie-groupe des officiers actuels du corps — Volume grand in-8º de 184 pages, broché...................... 10 »

HISTORIQUE DE LA 9ᵉ LÉGION DE GENDARMERIE (1373-1888), par le lieutenant E. Tailhades. — Brochure in-8º de 156 pages...................... 3 »

HISTORIQUE DU 1ᵉʳ RÉGIMENT DE PONTONNIERS, par le capitaine Caziot, d'après les archives du corps, celles du dépôt de la guerre et autres documents. — Volume grand in-8º de 304 pages...................... 6 »

LE RÉGIMENT DE SAPEURS-POMPIERS DE PARIS, texte de François Bournaud, publication de luxe, ornée de 47 dessins, gravures ou costumes en couleurs, de Charles Morel. — Volume in-4º...................... 10 »

LES GÉNÉRAUX FRANÇAIS, esquisses biographiques, par Lucien Nicot. — 3 volumes in-32, brochés...................... 1 50
Reliés toile anglaise...................... 2 25

UN PRÉCURSEUR, le général Morand, par E. Coralys. — Brochure in-8º de 32 pages...................... » 75

LE GÉNÉRAL MIRANDA. — Brochure in-18 de 48 pages...................... 1 »

LE GÉNÉRAL FAIDHERBE et la Défense nationale en 1870-71, par P. Lehautcourt. — Brochure in-8º de 24 pages...................... » 50

QUATRE HOMMES, Skobeleff, Brooke, Grant, Riel, par A. Garçon. — Volume in-8º de 78 pages...................... 1 50

PORTRAIT DE M. CARNOT, Président de la République, fᵗ 620ᵐᵐ ✕ 420. 6 »

LE GÉNÉRAL BOULANGER, actes et paroles, par H. C. P. B. — Volume in-32 de 112 pages, broché...................... » 50
Relié toile anglaise...................... » 75

Ministère de la guerre. — GÉOGRAPHIE, avec 14 cartes. — Volume in-18 de 174 pages...................... 3 »

PETITE GÉOGRAPHIE DE LA FRANCE à l'usage des écoles et des familles, avec cartes. — Brochure in-4º de 64 pages...................... 1 25

DICTIONNAIRE DES COMMUNES de la France, de l'Algérie et des autres colonies françaises, précédé de tableaux synoptiques, par Gindre de Mancy. — Volume in-18 de 784 pages, richement relié toile anglaise...................... 5 »

VOIES ET MOYENS DE COMMUNICATION en France, en Algérie et en Tunisie. Routes; voies navigables; paquebots; chemins de fer; bureaux ambulants; lignes télégraphiques, par Roger Barbaud, inspecteur des postes et des télégraphes, payeur de la 23ᶜ division d'infanterie. — 2 volumes in-32 brochés...................... 1 »
Reliés toile anglaise...................... 1 50

LES HAUTES-PYRÉNÉES, étude historique et géographique du département depuis les temps les plus reculés jusqu'à nos jours, avec une description des principales villes : Tarbes, Bagnères-de-Bigorre, Lourdes, etc., par MM. Bois, capitaine au 76ᵉ d'infanterie, et C. Durier, archiviste du département des Hautes-Pyrénées. — Volume in-8º de 220 pages, broché. 3 50

DU RHÔNE AU PÔ ET VICE VERSA, étude militaire. — Vol. in-8º de 144 p. 2 »

Le catalogue général est envoyé franco à toute personne qui en fait la demande.